LE PEUPLE

ET

L'EMPEREUR

PAR

GUSTAVE CUNEO D'ORNANO

AVOCAT

Directeur du *Suffrage universel des Charentes*

TROISIÈME ÉDITION

Prix : 25 centimes

ANGOULÊME

CHEZ TOUS LES LIBRAIRES

1876

ANGOULÊME. — IMPRIMERIE BAILLARGER,
RUE TISON D'ARGENCE.

PRÉFACE

de la troisième édition

———

Je dédie à mes concitoyens de la Charente cette édition populaire de ma brochure.

J'ai retranché, pour en rendre la lecture plus facile, la plupart des notes qui en corroboraient le texte, et les aveux d'historiens ou de publicistes hostiles, venant confirmer, au bas de chaque page, la vérité de chaque ligne.

Cette suppression m'a paru naturelle dans un livre qui sera lu par des concitoyens dont le plus grand nombre a sa religion faite et bien établie sur cette épopée napoléonienne devant laquelle les plus grands esprits, à leurs heures de sincérité, se sont successivement inclinés.

Pour moi, qui ai simplement le dessein d'entretenir de chers et féconds souvenirs dans le cœur du peuple, de ce peuple des villes et des campagnes que nos Empereurs ont tant aimé, je laisse désormais mon récit suivre son chemin sans l'entrecouper trop souvent par des commentaires superflus.

Je suis sûr qu'il n'en sera pas moins bien compris par ces populations éclairées de la Charente au milieu desquelles j'ai définitivement posé la pierre de mon foyer domestique.

G. C. D'ORNANO.

Bassac, 10 Décembre 1875.

LE PEUPLE ET L'EMPEREUR

Le peuple français a trouvé dans la Révolution de 89 son affranchissement et ses principes. Il n'y a pas trouvé son gouvernement.

Ce gouvernement n'est venu qu'ensuite, c'est l'Empire.

Seul, en effet, de tous les régimes qui ont été essayés en France, l'Empire a toujours été fondé par le peuple.

Seul, l'Empereur a toujours reconnu que la souveraineté du peuple est la source unique de toute légitimité.

Le peuple et l'Empereur forment donc la synthèse définitive de notre immortelle Révolution de 89.

L'union du peuple et de l'Empereur a produit tout ce qu'il y a eu de grand dans ce siècle.

Le peuple, qui a créé de son propre mouvement le premier et le second Empire, a toujours aimé l'Empereur.

L'Empereur a toujours aimé le peuple.

C'est ce qu'on verra dans ce livre.

I

« Tout paysan que je rencontrais dans les champs, — raconte Fiévée, — m'abordait pour me demander si on avait des nouvelles du général Bonaparte, et pourquoi il ne revenait pas en France. » Le général Bonaparte était en Egypte. « L'imagination populaire, — dit à ce sujet un historien peu suspect d'impérialisme, M. Lanfrey, — s'était déjà emparée de cette grande aventure; elle en avait fait une légende selon laquelle Bonaparte et l'armée d'Italie avaient été *déportés* en Egypte par un gouvernement jaloux de leur gloire. Le mot *exil de Bonaparte* était une formule consacrée dans la plupart des motions populaires. »

Tout à coup, en octobre 1799, on apprend que le général Bonaparte vient de débarquer à Fréjus. Il a providentiellement traversé les croisières anglaises. « Aussitôt, on ne voit plus que lui, on ne parle plus que de lui. De Fréjus à Paris, son retour est un triomphe. Voilà l'homme que la foule attend. » A Lyon, on lui demande, comme à un souverain, la grâce de plusieurs condamnés. A Paris, il morigène le Directoire. Le peuple entrevoit le terme de ses souffrances. Mais le jeune général cèdera-t-il au vœu de la nation tout entière?..

Oui, car Bonaparte est, du premier jusqu'au dernier jour, le soldat du peuple.

Cependant, il hésite. « Mais l'opinion s'impatiente. Comment ! Voilà quinze jours que le général est arrivé, et tout n'est pas encore fini ? » Bonaparte cède et prend le pouvoir, « aux applaudissements de la France (1). » La Révolution « rentre dans son lit, » et le peuple, en possession déjà de ses principes démocratiques, va posséder enfin son gouvernement.

Aussi bien, on le consulte pour savoir si, comme il l'a cru, Bonaparte n'a fait, par ce coup d'État, qu'aider au triomphe de la volonté nationale. Quarante jours après le 18 Brumaire, le peuple est appelé à voter sur la nouvelle Constitution. Quinze cents électeurs votent contre Bonaparte ; *trois millions d'électeurs votent pour lui.* Le peuple et le futur Empereur sont d'accord.

Bonaparte est ainsi nommé premier Consul *par la volonté nationale directement consultée.* Mais les pouvoirs qui lui sont octroyés paraissent au peuple lui-même trop précaires. « Depuis quelque temps, dit M. Thiers, on se demandait si on ne donnerait pas un grand témoignage de gratitude nationale à l'homme qui, en deux années et

(1) Thureau-Dangin , *Royalistes et républicains*, p. 152. Mme de Staël, si haineuse envers le général Bonaparte, dit, dans ses *Considérations sur la Révolution* : « La majorité des honnêtes gens souhaitait que le général Bonaparte eût l'avantage. » M. Mignet écrit, dans son *Histoire de la Révolution française* : « Le 18 Brumaire eut une popularité immense. » Tous les historiens sérieux en conviennent.

demie, avait tiré la France du chaos et l'avait réconciliée avec l'Europe, avec elle-même, et déjà presque complètement organisée. Ce sentiment de reconnaissance était universel et mérité. » Le Tribunat et le Sénat proposent donc de proroger les pouvoirs du premier Consul.

Mais, fidèle à la doctrine napoléonienne, Bonaparte ne veut rien recevoir que du peuple. « Le suffrage du peuple, dit-il dans son message du 19 floréal an X, m'a investi de la suprême magistrature ; je ne me croirais pas assuré de sa confiance si l'acte qui m'y retiendrait n'était pas sanctionné par son suffrage. » Le peuple est alors consulté conformément à l'arrêté consulaire du 10 mai 1802, ainsi conçu : « Les Consuls de la République, considérant que la résolution du premier Consul est un hommage rendu à la souveraineté du peuple, etc., arrêtent : Le peuple français sera consulté sur cette question : Napoléon Bonaparte sera-t-il consul à vie ? »

Le peuple, loyalement et directement consulté, se prononce par plus de trois millions et demi de suffrages affirmatifs; et le premier Consul, constant dans ses principes, heureux de voir qu'il est toujours en parfaite harmonie avec le peuple, répond à la députation du Sénat : « Le peuple français veut que ma vie tout entière lui soit consacrée, *j'obéis à sa volonté.* » Tel est le langage de ce souverain que des historiens menteurs ont représenté comme un usurpateur et un despote.

Deux années encore s'écoulent, et le peuple, par ses pétitions, par ses adresses, demande que Napoléon soit le fondateur d'une dynastie nouvelle. Le Sénat propose d'appeler *Empire* ce gouvernement que le peuple veut héréditaire. Sollicité par le Sénat comme par la nation, que répond Napoléon ? Il répond : « Le peuple français n'a rien à ajouter aux honneurs et à la gloire dont il m'a environné; mais le devoir le plus sacré pour moi, comme le plus cher à mon cœur, est d'assurer à ses enfants les avantages qu'ils ont acquis par cette révolution qui lui a tant coûté. »

Le nouvel Empereur ajoute : « Je soumets à la sanction du peuple la loi de l'hérédité. J'espère que la France ne se repentira jamais des honneurs dont elle environnera ma famille. Dans tous les cas, *mon esprit ne serait plus avec ma postérité le jour où elle cesserait de mériter l'amour et la confiance de la grande nation.* »

Toujours le peuple ! « La grande nation » est le premier souci du grand Empereur. Non-seulement il l'aime, ce peuple, mais il veut que sa postérité l'aime aussi, et il la désavoue en quelque sorte par avance si elle doit cesser de mériter la confiance et l'amour du peuple.

A la même époque, dans son message au Sénat, l'Empereur dit encore : « Nous avons été constamment guidés par cette grande vérité : *que la souveraineté réside dans le peuple français*, en ce sens que tout, tout sans exception, doit être fait pour son intérêt, pour son bonheur et pour sa gloire. »

S'étonnera-t-on maintenant qu'un Empereur, qui parlait ainsi et qui agissait conformément à ses paroles, pût s'écrier au sein du Conseil d'Etat : « Sachez que ma popularité est immense, incalculable ; partout le peuple m'aime et m'estime. Son gros bon sens l'emporte sur la malveillance des salons et la métaphysique des niais... Il ne connaît que moi. C'est par moi qu'il jouit sans crainte de tout ce qu'il a acquis. C'est par moi qu'il voit ses frères, ses fils indistinctement avancés, décorés, enrichis. C'est par moi qu'il voit ses bras facilement et toujours employés, ses sueurs accompagnées de quelques jouissances. Il me trouve toujours sans préférence et sans injustice. Or, il voit, il touche, il comprend tout cela et rien de plus, rien surtout de la métaphysique. »

Dans le plébiscite qui a lieu sur l'Empire héréditaire, Napoléon obtient plus de trois millions et demi de suffrages. Les cultivateurs, les ouvriers, se sont pressés en masse autour des registres de vote, et lorsque le Sénat se rend à Saint-Cloud, pour lui faire connaître les résultats de ce dernier plébiscite, l'Empereur, songeant à ce peuple dont toutes les pensées sont tournées vers lui et dont l'amour se manifeste avec une fidélité si touchante, l'Empereur s'écrie : « Je monte au trône où m'ont appelé le vœu unanime du Sénat, du peuple et de l'armée, le cœur plein du sentiment des grandes destinées *de ce peuple* que, du milieu des camps, j'ai le premier salué du nom de grand. Depuis mon adolescence, mes pensées tout entières lui sont dévolues ; et, je dois le dire ici, mes plaisir et mes peines ne se composent plus aujours d'hui que *du bonheur ou du malheur de mon peuple.* »

Hélas! après toutes les prospérités, après toutes les grandes créations de l'Empire, (1) après le Code Napoléon qui maintint la propriété dans les mains du peuple, après toutes ces guerres pleines de gloire soutenues contre la coalition des oligarchies européennes, le malheur vient à son tour. Mais le peuple et l'Empereur se retrouvent, on va le voir, dans l'infortune, aussi fidèles qu'ils l'ont été l'un envers l'autre dans le bonheur.

Trahi dans Paris, après son immortelle campagne de France, l'Empereur doit s'incliner devant la coalition triomphante. Il embrasse une dernière fois ses aigles devant ses grenadiers qui pleurent, et il part pour l'île d'Elbe avec quelques vieux grognards de la grande armée. On met un Bourbon à sa place, sans consulter la nation. Mais qu'est-ce qu'un Bourbon, avec sa Charte « octroyée, »

---

(1) Tout notre système administratif et judiciaire remonte à Napoléon 1er. On n'a pu rien y changer encore. C'est grâce à ses institutions que la France a vécu. « Napoléon a reconstruit en France la charpente sociale, » a dit M. Guizot, *Trois générations,* p. 60.

peut faire de ce peuple imbu de démocratie et habitué, durant plus de dix années, à trouver sur le trône un héros sorti de ses rangs, respectueux de la souveraineté nationale et toujours attentif à ses besoins ?

L'Empereur revient, et son retour rappelle le retour d'Egypte. Dès qu'il pose le pied sur le sol français, la France tressaille. Sur son passage, les populations accourent toutes pour le voir, pour toucher sa redingote légendaire et son petit chapeau. Les régiments envoyés à sa rencontre pour le faire prisonnier lui servent d'escorte. Le peuple a retrouvé son Empereur.

On s'étonne de cette fidélité populaire ; mais Napoléon, qui la trouve toute naturelle, fait alors à Benjamin-Constant cette réponse que celui-ci nous rapporte lui-même dans ses *Mémoires sur les Cent-Jours :* « Le peuple, ou, si vous l'aimez mieux, la multitude ne veut que moi. Ne l'avez-vous pas vue, cette multitude, se pressant sur mes pas, se précipitant du haut des montagnes, m'appelant, me cherchant, me saluant ? A ma rentrée de Cannes ici, je n'ai pas conquis, j'ai administré... Je ne suis pas seulement, comme on l'a dit, l'Empereur des soldats, *je suis celui des paysans et des plébéiens...* Aussi vous voyez le peuple revenir à moi ; il y a sympathie entre nous. Ce n'est pas comme avec les privilégiés ; la noblesse m'a servi, elle s'est lancée en foule dans mes antichambres, il n'y a pas de places qu'elle n'ait acceptées, demandées, sollicitées. J'ai eu des Montmorency, des Noailles, des Rohan, des Beauveau, des Mortemart. Mais il n'y a jamais eu analogie. Le cheval faisait des courbettes, il était bien dressé, mais je le sentais frémir. Avec le peuple, c'est autre chose ; la fibre populaire répond à la mienne ; je suis sorti des rangs du peuple ; ma voix agit sur lui. Voyez ces conscrits, ces fils de paysans ; je ne les flattais pas, je les traitais durement ; ils ne m'entouraient pas moins, ils n'en criaient pas moins : *Vive l'Empereur !* C'est qu'entre eux et moi il y a même nature. »

Après avoir ainsi parlé au député surpris, l'Empereur répète la même vérité dans sa proclamation du 24 mai 1815, en ces termes: « L'amour de la patrie et le sentiment de l'honneur national se sont conservés tout entiers dans le peuple des villes, les habitants des campagnes et les soldats de l'armée. » En effet, tandis que les députés abandonnent l'Empereur, le peuple, avant comme après Waterloo, lui demeure pieusement fidèle. A Waterloo, un soldat s'approche de son Empereur et lui dit : « Sire, on *nous* trahit. » Ce « nous, » qui confond dans une même cause le peuple et l'Empereur, abandonnés l'un et l'autre par la bourgeoisie égoïste et par tous ceux qui étaient repus, n'est-il pas sublime de confiance et d'amour ?

Aussi un historien a-t-il pu écrire avec raison : « Pour ces hommes-multitude, Napoléon, c'est le *petit caporal*, le *petit tondu*.

Il est petit, parce qu'il est de la foule. Il est caporal, parce qu'il est peuple et soldat. Regardez son cou dans les épaules, sa poitrine bombée, il a l'air, cet Empereur, de porter sur le dos le sac du fantassin. Mais, sous son humble habit, il cache une puissance illimitée, celle du nombre et du génie. Il est immortel. Il apparaît la nuit aux sentinelles endormies. Il passe comme un fantôme dans l'ombre des avant-postes, car il est la première et impérissable sentinelle de l'honneur français. »

Cette sentinelle est une dernière fois désarmée par la coalition européenne. Le peuple français serait devenu trop grand si son Empereur, qui était un roi sorti de ses entrailles, lui avait été laissé. On enchaîne l'Empereur à Sainte-Hélène, à plus de mille lieues de la France ; mais, là, Napoléon songe encore à son peuple. «Je désire, murmure-t-il, reposer sur les bords de la Seine, au milieu de ce peuple français que j'ai tant aimé. » Et voici les dernières paroles que « ce roi des paysans et des plébéiens, «prisonnier de l'Europe, lègue à son fils :

« Dites à mon fils qu'il se rappelle avant tout qu'il est Français : qu'il donne à la nation autant de liberté que je lui ai donné d'égalité. La guerre étrangère ne me permit pas de faire tout ce que j'aurais fait à la paix générale. Je fus perpétuellement en dictature ; mais je n'eus qu'un mobile dans toutes mes actions, l'amour et la gloire de la grande nation. Qu'il prenne ma devise : *Tout pour le peuple français,* puisque *tout ce que nous avons été, c'est par le peuple.*»

Puis il mourut.

II

Mais son idée ne mourut pas.

Déjà, la reine Hortense, cette fille adoptive de l'Empereur, s'est identifiée à la politique de l'Empire. Ainsi, en 1813, quand l'horizon de la France s'assombrit, la reine Hortense prie son mari, qui est à Naples, de venir se réunir à tous les Français pour la défense de son pays. « Voilà comment il faut reconnaître, écrit-elle, tout ce que ce peuple a fait pour notre famille. » Un historien, qui cite ces paroles, ajoute : « Ce mot de *peuple* est constamment à la bouche de la reine. Jamais elle n'oublie que sa famille doit tout au peuple, qu'elle n'est quelque chose que par lui seul, et sans cesse elle lui rapporte tout avec reconnaissance. »

C'est aussi la même femme qui écrit dans ses *Mémoires,* en 1832 : « Quant au peuple, s'il se rappelle sa gloire, sa force, sa grandeur et la sollicitude constante dont il fut l'objet, notre souvenir lui sera toujours cher. J'en ai la conviction, et cette pensée est la plus douce consolation qu'on puisse conserver dans l'exil, comme emporter avec soi dans la tombe. »

C'est elle enfin qui laisse à son fils ce grand

et dernier conseil : « Le peuple, qui donne, a le droit d'ôter. Les Bourbons, qui se croient propriétaires, peuvent prétendre réclamer la France comme un bien. Les Bonaparte doivent se rappeler que *toute puissance leur vient de la volonté populaire*. Ils doivent en attendre l'expression et s'y conformer, leur fût-elle contraire. »

On le voit, la tradition démocratique de Napoléon Ier n'est pas perdue. Le peuple et l'Empereur sont toujours unis dans la même pensée, et d'Amérique même la voix d'un Bonaparte exilé vient tout à coup, en 1830, proclamer solennellement ce grand principe de la souveraineté du peuple, nié par les royalistes, trahi par les républicains, conservé religieusement par les partisans de l'Empire.

Deux cent vingt et un députés ont donné la couronne à Louis-Philippe, sans consulter la nation. Le roi Joseph adresse aussitôt de New-York à la Chambre des députés la protestation suivante : « Il n'y a de légitimes sur la terre que les gouvernements avoués par les nations ; les nations seules ont des droits ; les individus, les familles particulières ont seulement des devoirs à remplir. La famille Bonaparte a été appelée par 3 millions 500 mille votes ; si la nation croit, dans son intérêt, devoir faire un autre choix, elle en a le pouvoir et le droit, mais elle seule. Napoléon II a été proclamé par la Chambre des députés de 1815, qui a reconnu en lui un droit conféré par la nation.

J'accepte pour lui toutes les modifications conférées par la Chambre de 1815, qui fut dissoute par les baïonnettes étrangères ; j'ai des données positives pour savoir que Napoléon II serait digne de la France ; c'est comme Français surtout que je désire que l'on reconnaisse les titres incontestables qu'il a au trône, tant que *la nation n'aura pas adopté une autre forme de gouvernement*. Seul, pour être légitime dans la véritable acception du mot, c'est-à-dire légalement et volontairement élu par le peuple, il n'a pas besoin d'une nouvelle élection. Toutefois, la nation est maîtresse de confirmer ou de rejeter des titres qu'elle a donnés, *si telle est sa volonté*. »

N'est-ce pas toujours la même doctrine démocratique ? « Le peuple, qui donne, a le droit d'ôter. » Le roi Joseph développe la même pensée que la reine Hortense, la même pensée que Napoléon Ier ; et cette pensée n'est-elle pas aussi flatteuse pour le peuple qui la justifie que pour la dynastie qui conserve cette confiance et cet amour de « la grande nation ? »

Le Roi de Rome, Napoléon II, est mort à vingt-deux ans, en Autriche, captif comme l'était son père à Sainte-Hélène, et sans que le peuple français ait pu l'adopter. La grande tradition est-elle rompue ? Non, certes ! Nous allons voir surgir, maintenant, au profit de l'idée napoléonienne, un apôtre obstiné, convaincu, intrépide, et grâce auquel le peuple, privé de sa souveraineté depuis 1815, et tenu en tutelle par des Assemblées issues du suffrage restreint, reconquerra ses principes et retrouvera son gouvernement.

III

En 1835, on proposait une couronne à celui qui devait s'appeler Napoléon III, c'était la couronne de Portugal. Le neveu de Napoléon Ier, le fils de la reine Hortense, le prince Louis-Napoléon Bonaparte n'est pas libre d'accepter. Ne se doit-il pas à la France? Il n'a les yeux tournés que vers elle ; et reconnaissant, dès le premier jour, comme Napoléon Ier, que « c'est le peuple qui donne, » le futur Empereur, en refusant la couronne de Portugal, adresse aux journaux une lettre dans laquelle nous lisons ceci : « J'attends que *le peuple* rappelle dans son sein ceux qu'exilèrent, en 1815, douze cent mille étrangers. »

Puis, las d'attendre que le roi Louis-Philippe se résigne à consulter la nation, le prince Louis Bonaparte fait sa tentative de Strasbourg. Dans cette tentative, que cherche-t-il? Il cherche à rendre au peuple le libre exercice de sa souveraineté. « Fier de mon origine populaire, dit-il dans sa première proclamation, je m'avance *comme le représentant de la souveraineté du peuple.* » Dans sa proclamation à l'armée, il dit encore : «.Protéger *les droits du peu-*

ple, voilà quelle est votre mission. » Dans sa proclamation aux Alsaciens, il ajoute enfin : « Mon drapeau ne s'incline que devant *la majesté du peuple*... Avec un grand peuple, on fait de grandes choses. J'ai une foi entière dans le peuple français. »

Louis-Philippe n'ose pas même poursuivre cet adversaire qui conteste la légitimité de son gouvernement à base étroite et qui, ne recherchant ni la violence, ni l'usurpation, ne demande qu'une chose : l'Appel au peuple. Mais la tentative avortée de Strasbourg a donné aux esprits un nouvel élan. On reparle plus que jamais de l'Empereur. On songe plus que jamais au martyr de Sainte-Hélène, et, dans toutes les chaumières, l'image du *petit caporal* fait couler les larmes des vieillards ou grave dans le cœur des enfants l'amour de ce roi des paysans, de ce roi des plébéiens qui promena triomphalement le peuple français dans toutes les capitales de l'Europe.

Louis-Philippe rêve alors de se hausser grâce à la popularité de Napoléon. Il décide que les cendres de l'Empereur seront rapportées en France, et qu'enfin, comme il l'a voulu, l'Empereur Napoléon Ier dormira au milieu de ce peuple français qu'il a tant aimé.

Le catafalque qui contient les cendres de l'Empereur fait son entrée dans Paris le 15 décembre 1840. Tous les témoins de cette émouvante cérémonie disent qu'un immense frisson courut alors dans cette foule qui voulait saluer César. Malgré la neige, plus de cinq cent mille personnes sont là, muettes, fascinées, pleines d'une religieuse émotion, et des sanglots éclatent quand parait le cercueil de cet Empereur qui est mort martyr pour la cause du peuple.

Mais, avant que le retour des cendres ait donné une poésie nouvelle à la légende impériale, le fils de la reine Hortense a fait une seconde tentative pour rendre à la France l'exercice direct de la souveraineté. Il a une seconde fois échoué. De Boulogne cependant il a adressé au peuple une proclamation dans laquelle on lit : « Vous toutes, classes laborieuses et pauvres, qui êtes en France le refuge de tous les sentiments nobles, souvenez-vous que c'est parmi vous que Napoléon choisissait ses lieutenants, ses maréchaux, ses ministres, ses princes, ses amis, et appuyez-moi de votre concours. »

L'heure n'est pas venue. Celui qui s'appellera l'Empereur Napoléon III, celui qui voulait déjà que la nation intervînt enfin dans le choix de son gouvernement, est arrêté par les agents d'un roi que quelques députés ont placé sur le trône de France. Cette fois, on ne se borne pas à déporter en Amérique le prince Louis-Napoléon Bonaparte, on lui fait son procès devant la Cour des pairs, où le fils de la reine Hortense se retrouve en face des anciens lieutenants de Napoléon Ier.

Là, devant cette Assemblée, dont les pouvoirs qui n'ont pas leur source dans le peuple ne lui paraissent dès lors pas légitimes, le prince Louis Bonaparte présente, non pas sa défense, mais sa profession de foi. « Depuis cinquante ans, s'écrie-t-il, depuis cinquante ans que le principe de la souveraineté du peuple a été consacré en France par la plus puissante révolution qui se soit faite dans le monde, jamais la volonté nationale n'a été proclamée aussi solennellement, n'a été constatée par des suffrages aussi nombreux et aussi libres que pour l'adoption des Constitutions de l'Empire. La nation n'a jamais révoqué ce grand acte de la souveraineté, et l'Empereur l'a dit : tout ce qui a été fait sans elle est illégitime. »

Le prince Louis Bonaparte ajoute : « J'ai pensé que le vote de quatre millions de citoyens qui avaient élevé ma famille nous imposait au moins le devoir de *faire appel à la nation* et d'interroger sa volonté... La nation eût répondu : République ou Monarchie, Empire ou Royauté. De sa libre décision dépend la fin de nos maux, le terme de nos discussions. » On le voit, c'est toujours à la souveraineté du peuple que fait appel l'héritier de Napoléon Ier, fidèle au testament politique de l'Empereur.

Condamné à la prison perpétuelle pour avoir essayé de défendre les droits du peuple, le prince Louis-Napoléon est enfermé dans la citadelle de Ham. A quoi songe alors le futur Empereur dans sa prison? Il songe au peuple. Il écrit ainsi, de Ham, le 21 octobre 1843, au *Journal du Loiret*, qui se hâte de la reproduire, une lettre qui contient les déclarations que voici : « Je n'ai jamais cru, je ne croirai jamais que la France soit l'apanage d'un homme ou d'une famille; je n'ai jamais revendiqué d'autres droits que ceux de citoyen français, et je n'aurai jamais d'autre désir que celui de voir le peuple entier, réuni dans ses comices, choisir en toute liberté la forme de gouvernement qui lui convient. Issu d'une famille qui doit son élévation à la volonté nationale, je mentirais à mon origine, à ma nature, et jusqu'au bon sens, si je ne reconnaissais la souveraineté du peuple comme la base de tout l'organisme politique... »

Qu'y a-t-il de plus démocratique, de plus conforme aux principes de 89 ? Ce prince que l'on représente comme un conspirateur conspire, c'est vrai, mais pour le peuple. Il suit la doctrine de Napoléon 1er, de la reine Hortense et du roi Joseph, doctrine qu'il a exposée dans ses *Idées napoléoniennes*. Il veut que le peuple reprenne ses droits ; tous les véritables amis du peuple ne doivent-ils pas être avec lui ?

Aussi les philosophes et les écrivains de la démocratie vont le visiter dans sa prison de Ham. Et, le 26 novembre 1844, George Sand lui écrit : « *Le peuple est, comme vous, dans les fers.* Le Napoléon d'aujourd'hui est celui qui *personnifie les douleurs du peuple*, comme l'autre personnifiait ses gloires. »

C'est encore à Ham que le futur Empereur

expose ses idées politiques en ces termes :
« La République serait mon idéal, mais
j'ignore si la France est républicaine. Je vois
dans son histoire les deux éléments monar-
chique et républicain exister. se développer
simultanément. *Si le pays m'appelle un
jour, je lui obéirai, j'aiderai le peuple à
rentrer dans ses droits, à trouver la formule gouvernementale des principes de la
Révolution.* »

Tel est toujours le noble mobile qui pousse
le futur Empereur. Nous l'avons dit en com-
mençant, il faut « trouver la formule gouvernementale des principes de la Révolution. »
Or, cette formule existe dans l'Empire. L'Empire seul peut « faire rentrer le peuple dans
ses droits. » Louis-Napoléon Bonaparte y tra-
vaille, et le succès va bientôt couronner ses
efforts. On le verra par la suite de cette
étude.

IV

La monarchie bourgeoise, la monarchie de
suffrage restreint tombe, le 24 février 1848,
devant une insurrection parisienne. Au Corps
législatif et à l'Hôtel-de-Ville, quelques
députés se font acclamer membres du gouvernement par une foule incompétente. On
jette, du haut des fenêtres, un certain nombre
de petits papiers portant les noms des nouveaux dictateurs. On proclame la République,
sans demander à la France si cela lui con-

vient. Mais, malgré ces désirs de dictature jacobine, le suffrage universel remplace désormais le suffrage restreint.

Or, du moment que le peuple a la parole, ce n'est pas la République qui doit triompher, mais l'Empire. Aussi quatre départements (Seine, Yonne, Corse et Charente-Inférieure), commencent par choisir pour représentant du peuple, malgré la proclamation de la République et malgré les lois de proscription, l'ancien captif de Ham, l'héritier de la tradition napoléonienne, Louis-Napoléon Bonaparte.

Les républicains s'indignent. Le peuple a-t-il le droit de choisir Napoléon ? Non pas ! Car, si Napoléon peut être élu, c'en est fait d'eux. Aussi le futur Empereur, l'élu de plusieurs départements, est réduit à donner sa démission et à quitter de nouveau la France.

Mais il a dit, en s'en allant : « Si le peuple m'imposait des devoirs, je saurais les remplir ; » le peuple ira le chercher de nouveau sur la terre d'exil. Cinq départements le choisissent, en effet, le 17 septembre 1848, pour leur représentant. Il faut bien que la République s'incline, et le prince Louis-Napoléon Bonaparte rentre, la tête haute, dans cette Assemblée républicaine qui avait songé à l'exclure.

L'élection pour la présidence de la République arrive. Cavaignac qui pose sa candidature occupe encore le pouvoir. Tous les fonctionnaires sont dans sa main. Les classes bourgeoises le soutiennent; son succès paraît certain. Mais on a compté sans les campagnes. (1) Louis-Napoléon n'a pour lui ni les journaux parisiens, ni les bourgeois républicains, ni l'aristocratie du nom ou de la finance; il a pour lui le peuple (2), le « menu peuple, » selon l'expression dédaigneuse d'un journal républicain de ce temps-ci. « Dans les campagnes, dans les petites villes, — dit un historien peu favorable à l'Empire, — le nom de Napoléon excitait un véritable enthousiasme; des troupes d'électeurs se rendaient au scrutin, drapeaux déployés, curés en tête, et criant : *Vive Napoléon! Vive l'Empereur !* » Napoléon réunit sur son nom plus de cinq millions et demi de suffrages. Ses adversaires républicains, Cavai-

(1) « L'influence de *l'imprévu* ne s'est jamais montrée si frappante qu'en ce qui concerne la personne de Louis-Napoléon Bonaparte... Avec le Suffrage universel, *le destin futur de ce pays est entre les mains des paysans,* s'ils savent seulement deux choses : ce qu'ils veulent et ce qu'ils peuvent. » *Journal* du marquis de Normanby, ambassadeur d'Angleterre.

(2) « Voici un fait que je tiens de M. Molé : Larcy, légitimiste du Midi, s'était d'abord vigoureusement opposé à la candidature de Bonaparte ; il avait prétendu, quelques jours auparavant, que cette idée n'avait fait aucun progrès dans le Midi ; il a annoncé, depuis, qu'elle avait *rallié tous les paysans,* que cette candidature leur paraissait le seul moyen de se débarrasser de la République rouge, la seule qu'ils connussent, etc. Cette lettre a été montrée à Dufaure, qui a répondu : « Nous en recevons de pareilles de toutes les parties de la France, mais... » et il a haus é les épaules, comme pour dire : Il est trop tard. » *Journal* du marquis de Normanby, ambassadeur d'Angleterre.

gnac, Ledru-Rollin, Raspail et Lamartine, n'atteignent pas, tous ensemble, le tiers de ces suffrages donnés à un seul. Il y a neuf mois à peine que la République est née !

Dans sa profession de foi pour l'élection à la présidence, Louis-Napoléon avait dit : « Quel que soit le résultat de l'élection, *je m'inclinerai devant la volonté du peuple.* » C'est toujours, on le voit, le même respect des droits de la souveraineté nationale. Dans toute la carrière de celui qui va bientôt s'appeler Napoléon III, le principe impérialiste de la souveraineté du peuple se retrouve ; il est dans tous ses discours, dans tous ses actes. Ici, les documents abondent. Il faudrait reproduire toutes les paroles, citer toutes les actions de l'élu de la France ; nous devons nous borner à rappeler quelques-unes des affirmations les plus mémorables du principe populaire dont le futur Empereur est l'apôtre.

Dans les voyages que le Prince-Président entreprend, à cette époque, de 1849 à 1851, pour connaître les besoins du pays, nous retrouvons sans cesse dans ses discours, les mêmes convictions, la même foi. « La France, dit-il à l'inauguration du chemin de fer de Dijon, la France ne veut ni le retour à l'ancien régime, quelle que soit la forme qui le déguise, ni l'essai d'utopies funestes et impraticables. C'est parce que je suis l'adversaire le plus naturel de l'un et de l'autre qu'elle a placé sa confiance en moi. »

Le 9 juin 1850, à l'inauguration du chemin de fer de Creil à Saint-Quentin, le Prince-Président, après avoir remis des livrets de caisse d'épargne aux ouvriers, s'exprime ainsi : « Je suis heureux de me trouver parmi vous, et je recherche avec plaisir les occasions qui me mettent en contact avec ce grand et généreux peuple qui m'a élu ; car, chaque jour me le prouve, *mes amis les plus sincères, les plus dévoués ne sont pas dans les palais, ils sont sous le chaume ;* ils ne sont pas sous les lambris dorés, *ils sont dans les ateliers et dans les campagnes.* Je sens, comme disait l'Empereur, que ma fibre répond à la vôtre, que nous avons les mêmes intérêts et les mêmes instincts. »

Au banquet qui suit cette inauguration, Louis-Napoléon prononce le discours suivant, qui montre avec quelle scrupuleuse fidélité le nouveau chef de l'État se conforme à la tradition napoléonienne : « La mission que j'ai à remplir aujourd'hui n'est pas nouvelle ; on sait son origine et son but. Lorsque, il y a quarante-huit ans, le premier Consul vint en ces lieux inaugurer le canal de Saint-Quentin, comme aujourd'hui je viens inaugurer le chemin de fer, il vous disait : « Tranquillisez-vous, les orages sont passés. Les grandes vérités de notre Révolution, je les ferai triompher ; mais je réprimerai avec une égale force les erreurs nouvelles et les préjugés anciens en ramenant la sécurité, en encourageant toutes les entreprises utiles. Je ferai naître de nouvelles industries pour enrichir nos champs et *améliorer le sort du peuple.* » Il n'y a qu'à regarder autour de vous pour voir s'il a tenu parole. Eh bien ! encore aujourd'hui ma tâche est la même, quoique plus facile. De la Révolution, il faut prendre les bons instincts et combattre hardiment les mauvais. Il faut *enrichir le peuple* par toutes les institutions de prévoyance et d'assistance que la raison approuve, et le bien convaincre que l'ordre est la source première de toute prospérité. Mais l'ordre, pour moi, n'est pas un mot vide de sens, que tout le monde interprète à sa façon. Pour moi, l'ordre, c'est le maintien de ce qui a été *librement élu et consenti par le peuple, c'est la volonté nationale triomphant de toutes les factions.* Courage donc, habitants de Saint-Quentin ! Continuez à faire honneur à notre nation par vos produits industriels. Croyez à mes efforts et à ceux du gouvernement pour protéger vos entreprises et pour *améliorer le sort des travailleurs.* »

Cependant les factions s'agitent. Au sein de l'Assemblée législative, le suffrage universel vient d'être mutilé par la loi du 31 mai. Le pays commence à sentir qu'en conspirant contre Louis-Napoléon, tous les partis coalisés contre l'Empire conspirent en réalité contre le peuple. Dans son discours de Poitiers, le Prince-Président s'efforce encore cependant de rassurer les esprits. « Le salut du pays, dit-il, viendra toujours de la volonté du peuple librement exprimée, religieusement acceptée. Aussi j'appelle de tous mes vœux le moment solennel où la voix puissante de la nation dominera toutes les oppositions et mettra d'accord toutes les rivalités. »

Mais cette heure solennelle ne pourra jamais sonner si l'Assemblée qui a mutilé le suffrage universel continue à entraver l'œuvre populaire de Napoléon. On organise contre celui-ci des complots qui doivent empêcher le peuple de faire triompher sa volonté. L'élu de la nation prend les devants. Le 2 décembre 1851, la France apprend que l'Assemblée législative est dissoute, et elle lit sur tous les murs un décret ainsi conçu : « Au nom du peuple français : Art. 1er. L'Assemblée nationale est dissoute. Art. 2. Le suffrage universel est rétabli. Art. 3. Le peuple français est convoqué dans ses comices. » C'est ce qu'on appelle le coup d'État du 2 décembre.

Ce décret est suivi d'une proclamation dans laquelle Louis-Napoléon s'exprime ainsi : « Mon devoir est de sauver le pays en invoquant le jugement solennel du seul souverain que je reconnaisse en France : *le peuple.* » Le peuple se prononce alors. Et, par plus de sept millions de suffrages, il dit à Louis-Napoléon : « Vous avez bien fait (1). »

(1) Les députés eux-mêmes, qui avaient été arrêtés, étaient secrètement heureux du coup d'Etat. Daniel

Mais, comme nous l'avons vu pour Napoléon Ier, en élevant le fils de la reine Hortense au sommet de l'Etat le peuple a voulu relever l'Empire. Dès l'élection du 10 décembre 1848, les électeurs ont crié : *Vive l'Empereur !* En 1851, quand le Prince-Président parcourt le pays, toute la France répète ce cri. A Bordeaux, à Angoulême, partout enfin, les habitants des campagnes aussi bien que les habitants des villes réclament l'Empire comme le seul gouvernement qui soit légitime, selon les principes de 89.

La France veut l'Empire, elle l'aura. On consulte le pays. Il répond par près de huit millions de suffrages affirmatifs. L'Empire est encore une fois fondé par le peuple.

En apportant au nouvel Empereur le résultat de ce grand plébiscite, M. Billault, président du Corps législatif, prononce le discours suivant : « Sire, nous apportons à Votre Majesté l'expression solennelle de la volonté nationale. Au plus fort des ovations que vous décernait l'enthousiasme populaire, peu pressé de ceindre une couronne qu'on vous offrait de toutes parts, vous avez désiré que la France se recueillît, vous avez voulu qu'elle ne prît que de sang-froid, dans sa pleine liberté, cette suprême décision par

Stern, dans son *Histoire de la Révolution de 1848*, rapporte que M. de Falloux disait à M. de Persigny, qui était venu le visiter dans sa prison : « Je l'avoue tout bas à cause de nos collègues, mais, au fond, je crois que vous avez bien fait. »

laquelle *un peuple, maître de lui-même, dispose souverainement de sa destinée.* Votre vœu, Sire, s'est accompli : un scrutin *libre, secret,* ouvert à tous, a été dépouillé loyalement sous les yeux de tous; résumant en une seule huit millions de volontés, *il donne à la légitimité de votre pouvoir la plus large base sur laquelle se soit jamais assis un gouvernement en ce monde.* Depuis ce jour où six millions de voix, recueillies pour vous par le pouvoir qu'elles vous appelaient à remplacer, vont ont remis le sort de la patrie, la France, à chaque nouveau scrutin, a marqué par de nouveaux millions de suffrages l'accroissement continu de sa confiance en vous. En dehors comme en dedans de ses comices, dans ses fêtes comme dans ses votes, partout ses sentiments ont éclaté : d'un bout à l'autre du pays, se précipitant sur vos pas, accourant de toutes parts pour saluer, ne fût-ce que de loin, l'homme de leurs espérances et de leur foi, nos populations ont assez fait voir au monde que vous étiez bien leur Empereur, *l'Empereur voulu par le peuple;* que vous aviez bien avec vous cet esprit national qui, au jour marqué par la Providence, sacre les nouvelles dynasties et les asseoit à la place de celles qu'il n'aime plus... »

L'Empereur a répondu : « Aidez-moi tous à asseoir sur cette terre bouleversée par tant de révolutions un gouvernement stable qui ait pour bases la religion, la justice, la pro-

bité, *l'amour des classes souffrantes.* »
C'est le rétablissement de l'union du peuple
et de l'Empereur.

V

Le second Empire est fait. Nous n'avons
pas à en retracer l'histoire. Cette histoire est
écrite dans le cœur du peuple. Nul n'a oublié
ce grand règne dans le cours duquel les populations des villes aussi bien que les populations
des campagnes ont trouvé, par l'ordre et le
travail, la tranquilité et la fortune. Ce sont
les biens que l'Empire donne (1).

Si un coup d'œil rétrospectif est cependant
permis à ce sujet, ne devons-nous pas constater ici que l'Empire peut seul faire le bien
du peuple parce que seul il s'appuie sur lui.
Tous les hommes politiques, impérialistes ou
non, l'ont reconnu, et, parlant du premier
Empereur, M. de Cormenin lui-même s'est

(1) Une année après le coup d'État, M. Schneider,
rapporteur de la commission du budget, disait :
« Partout la propriété, les capitaux, les bras, les
intelligences sont à l'œuvre et redoublent d'activité.
Que dire de ce magnifique réveil du commerce et de
l'industrie qui frappe tous les yeux ? Il n'y a plus d'ouvriers inoccupés ; ce n'est plus le travail qui manque,
ce sont les hommes qui ne suffisent pas ; on n'avait pas
osé perfectionner ses procédés, changer ses machines,
accroître ses moyens de productions, tant qu'on avait
vécu sous des institutions politiques qui ne pouvaient
garantir la sécurité du lendemain. Quelle transformation
s'est opérée à la faveur du gouvernement stable dont
l'Empereur a doté le pays ! »

exprimé ainsi : « Le peuple aimait Napoléon Ier pour trois raisons. Il était sorti de sa souche ; il n'a jamais séparé la gloire du peuple de la sienne ; il a souffert pour la sainte cause du peuple français. Ce qui lui a attaché le peuple ce n'est pas le trône, c'est l'exil ; ce n'est pas Austerlitz, c'est Waterloo ; ce que le peuple aimait dans le héros, c'était le martyr. »

Parlant aussi de Napoléon Ier, Napoléon III a pu dire dans ses *Idées napoléoniennes* :

« Aimé surtout des classes populaires, Napoléon pouvait-il craindre de donner des droits politiques à tous les citoyens? Lorsque, nommé consul à vie, il rétablit le principe du droit d'élection, il proféra ces paroles remarquables : *Pour la stabilité du gouvernement, il faut que le peuple ait plus de part aux élections.* Ainsi, déjà, en 1803, Napoléon prévoyait que la liberté fortifierait son pouvoir. Ayant ses plus chauds partisans dans le peuple, plus il abaissait le cens électoral, plus ses amis naturels avaient de chances d'arriver à l'Assemblée législative ; plus il donnait de pouvoir aux masses, plus il affermissait le sien. »

Napoléon Ier l'a bien compris d'ailleurs. Il savait que, comme devait le reconnaître plus tard l'héritier de sa couronne, « ses plus vrais amis étaient sous le chaume. » On n'a pas oublié les termes de son discours du champ de Mai, en 1815. « Empereur, consul, soldat, disait-il, *je tiens tout du peuple.* Dans la prospérité, dans l'adversité, sur le champ de bataille, au conseil, sur le trône, dans l'exil, la France a été l'objet unique et constant .de mes pensées et de mes actions. Comme ce roi d'Athènes, je me suis sacrifié pour *mon peuple*, dans l'espoir de voir se réaliser la promesse donnée de conserver à la France son intégrité naturelle, ses honneurs et ses droits. L'indignation de voir ces droits sacrés, acquis par 25 années de victoires, méconnus et perdus à jamais, le cri de l'honneur français flétri, *les vœux de la nation* m'ont ramené sur ce trône qui m'est cher parce qu'il est le palladium de l'indépendance, de l'honneur et des droits *du peuple.* »

Et, après Waterloo, dans un retour sur le passé, Napoléon Ier recherchait s'il avait constamment travaillé au bonheur du peuple. « Moi-même, me suis-je demandé quelquefois, ai-je rien fait pour ce peuple malheureux tout ce qu'il avait droit d'attendre ? Il a tant fait pour moi ! »

Oui, l'Empereur Napoléon Ier a fait pour le peuple tout ce que celui-ci attendait de lui. « Avec Napol on, — dit le général Foy, peu ami du premier Empire, — avec Napoléon, on ne connaisait ni les vexations des subalternes, ni l'intolérance des castes, ni l'intolérable domination des partis. La loi était forte, souvent dure, mais égale pour tous (1). »

(1) Un ennemi de l'Empire, M. Edgar Quinet, s'exprime ainsi à ce sujet : « Une autre chose servit à conserver jusqu'au bout à Napoléon *le cœur des masses :*

Napoléon Ier cherchait non-seulement à rendre conformes au principe d'égalité nos lois ou nos usages ; il cherchait surtout à les rendre favorables au plus grand nombre. « Je reconnais la nécessité, disait-il, de multiplier les propriétaires, qui sont les plus fermes appuis de la sûreté et de la tranquillité des États. » Et comme les beaux esprits riaient de cette incessante préoccupation, l'Empereur s'écriait : « Que m'importe l'opinion des salons et des caillettes ? Je ne l'écoute pas, je n'en connais qu'une : *celle des paysans*. Tout le reste n'est rien. »

Raconter ici les grandes choses du règne de Napoléon Ier dépasserait le cadre de cette étude. Qu'il nous suffise de citer l'opinion suivante d'un historien : « Il semble que, pour sauver l'influence et la pensée de la Révolution, Napoléon Ier ait suscité l'âme de la nation, sollicité toutes ses ressources vitales, développé toute son activité corporelle et intellectuelle, philosophique et religieuse, morale et politique, commerciale et agricole,

il ne connut pas la distinction impie de la bourgeoisie et du peuple. Jamais l'idée ne lui vint de partager le pays en riches et en pauvres, de se donner aux uns, de se défier des autres. Appliquant à la société son principe de tactique, il fit de tous les enfants de la France une seule masse, la grande nation, la grande armée, qui respirait, il est vrai, sous la mitraille, mais qui n'avait qu'un foyer, un drapeau, une âme. Y avait-il un pays légal et un pays illégal, des bourgeois et des prolétaires, à Marengo, à Austerlitz, à Iéna ? Non ; il y avait des hommes qui tous ensemble ont conquis, pour eux et pour leurs descendants, le droit de cité. »

industrielle et artistique. Au spectacle de cette pensée, où président la science et le bon sens, où règne une lumière admirable, l'esprit s'arrête étonné, ému. Et, plus on pénètre dans l'idée de Napoléon Ier, plus cette émotion grandit. Car il y a vraiment quelque chose de touchant à voir cette pensée magistrale descendre, pour ainsi dire, jusqu'au simple foyer du pauvre, s'y asseoir, en étudier le malaise, en rechercher, par la protection accordée au sol, par cent institutions ingénieuses et charitables, le remède efficace, et laisser, en partant, sous le plus pauvre toit, une pensée de patrie, de gloire, de moralité, de travail et de bien-être. »

Par son souci des intérêts matériels et moraux du peuple, Napoléon III se montra peut-être supérieur encore au premier Empereur. Avant d'arriver au trône, le prince Louis-Napoléon avait déjà esquissé son programme social dans un ouvrage sur l'*Extinction du Paupérisme*, d'où nous nous bornons à extraire ces lignes : « La classe ouvrière ne possède rien, il faut la rendre propriétaire. Elle n'a de richesse que ses bras, il faut donner à ces bras un emploi utile pour tous. Elle est encore un peuple d'ilotes au milieu d'un peuple de sybarites, il faut lui donner une place dans la société et associer ses intérêts à ceux du sol. »

Dans ses *Idées napoléoniennes*, Napoléon III ajoutait : « L'identité des intérêts entre le souverain et le peuple, voila la base essentielle d'une dynastie. Un gouvernement est inébranlable quand il peut se dire : Ce qui profitera *au plus grand nombre*, ce qui assurera la liberté des citoyens et la prospérité du pays fera aussi la force de mon autorité et consolidera mon pouvoir. »

Et quand le prisonnier de Ham devint, par la volonté du peuple, chef de l'Etat, quand il put, dans une certaine mesure, réaliser ses vœux philanthropiques, que ne fit-il pas! Les sociétés de secours mutuels lui durent, en quelque sorte, l'existence. Le Crédit foncier, destiné à encourager l'agriculture, fut créé. Plus tard, le principe du libre-échange vint, grâce à la seule initiative de l'Empereur, transformer notre commerce et notre industrie. D'ailleurs, dès l'époque de sa présidence, Louis-Napoléon put dire au Conseil général de l'agriculture, du commerce et de l'industrie réunis à Paris : « Tout en prenant les mesures générales qui doivent concourir à la prospérité du pays, le gouvernement s'est occupé du sort des classes laborieuses. Les caisses d'épargne, les caisses de retraites, les caisses de secours mutuels, la salubrité des logements d'ouvriers, tels sont les objets sur lesquels, en attendant la décision de l'Assemblée, le gouvernement appellera votre attention. »

Dans un des voyages que le Prince-Président fit dans l'Ouest, un ouvrier d'Elbœuf lui adressa les paroles suivantes : « Au 10 décembre, nos ateliers étaient déserts, nos souffrances inouïes. La volonté nationale vous place à la tête de l'Etat, et cette heureuse inspiration ramène, avec l'ordre et la confiance, l'activité de l'industrie qui nous fait vivre. Le travail a déjà ramené parmi nous quelque bien-être ; nous vous en rendons grâces, monsieur le Président, et nous espérons en vous pour l'avenir, car nous savons que notre sort vous touche et vous préoccupe vivement. » Et le Prince-Président répondit : « Je suis bien touché des paroles que vous venez de m'adresser au nom des ouvriers d'Elbeuf. Vous ne vous trompez pas en pensant que ma sollicitude est acquise à la classe ouvrière ; mes efforts auront toujours pour objet d'améliorer sa position. »

Recevant les délégués de la Sologne, le Prince-Président pouvait dire encore : « Les intérêts des populations agricoles me sont chers partout ; mais une contrée souffrante et décimée par les fièvres appelait mes premières sollicitudes. J'ai voulu savoir directement et exactement quelle était l'étendue du mal. » Quel gouvernement, nous le demandons, s'est aussi constamment préoccupé que le gouvernement de Napoléon III des besoins de la classe ouvrière et des populations agricoles ?

Aussi le peuple montrait-il sans cesse sa fidélité envers l'Empereur. Non-seulement dans ses plébiscites, mais encore dans toutes les élections, il préférait aux candidats des anciens partis les candidats qui se disaient dévoués à l'Empereur. On a parlé, à ce sujet, de candidatures officielles ! Là, comme dans toutes les questions qui touchent, par exemple, à la liberté dont on jouissait sous l'Empire, l'Empereur a été calomnié. Jamais l'Empereur n'employa dans les élections les pressions administratives employées depuis le 4 Septembre. Cela serait fort aisé à établir.

Voici, par exemple, ce que ses ministres écrivaient aux préfets : « Trois fois sacré par le suffrage universel, l'Empereur l'invoque toujours avec confiance. Quand, en 1851 et 1852, huit millions de suffrages lui livraient la couronne et les destinées du pays, il y avait, dans ce vote éclatant, cet amour mêlé d'orgueil que la Franee retrouvait au fond de ses entrailles pour la dynastie des Napoléon ; il y avait, entre elle et eux, le sentiment d'une *solidarité indissoluble* de gloire et de malheur ; il y avait aussi la peur de l'anarchie et l'espérance d'un gouvernement fort et *ami du peuple*. Aujourd'hui, c'est toujours le même prestige populaire autour des Bonaparte ; mais il y a, de plus, six années d'une administration féconde et glorieuse ; les palmes de la guerre et les fruits de la paix, une immense prospérité matérielle rehaussée par un merveilleux sentiment de notre grandeur nationale. La réalité a dépassé nos espérances. De tels résultats, qui devraient convaincre et rallier tous les esprits élevés, *sont parfaitement compris par les loyaux travailleurs de nos campagnes, par les intelli-*

gents ouvriers de nos villes. Cette masse d'hommes laborieux, qui forme la large base du suffrage universel, a le sentiment profond de la préoccupation incessante de l'Empereur pour elle et des grandes choses qu'il fait pour le pays. Appelez-les tous au scrutin, monsieur le préfet, ils ont fait l'Empire, ils l'aiment, ils sauraient au besoin le défendre. »

Voilà en quoi consistait alors la candidature officielle. On rappelait au peuple qu'il avait fait l'Empire et que c'était à lui de le défendre. Et le peuple le défendait. Quel autre gouvernement pourrait parler ainsi ?

Aux élections de 1863, le ministre de l'intérieur tint aux préfets le même langage que M. Billault : « Monsieur le préfet, disait-il, les élections qui se préparent vont être pour la France une nouvelle occasion d'affirmer devant l'Europe les institutions qu'elle s'est données. Dans cette circonstance, j'ai à peine besoin de vous rappeler les principes qui doivent vous servir de guide. Vous n'oublierez pas que l'Empire est l'expression des besoins, des sentiments, des intérêts des masses, et que, avant de rallier à lui toutes les forces vives de la nation, c'est dans la chaumière du peuple qu'il a été enfanté. »

Enfin, le plébiscite de 1870 montra que le peuple et l'Empereur sont toujours demeurés unis (1). En veut-on une dernière preuve ?

(1) Dans le plébiscite du 8 mai 1870, le peuple français répondit à l'appel de l'Empereur par 7,350,142 oui.

Jamais, sous le premier comme sous le second Empire, il n'y eut la moindre émeute sérieuse, tandis que les règnes de Charles X et de Louis-Philippe furent remplis de luttes sanglantes ou de complots ; et que la République (celle de 1848 comme celle de 1870) a déchaîné la guerre sociale. Ce qui prouve bien, encore une fois, que l'Empire est le seul régime qui puisse également protéger la démocratie et l'ordre.

VI

Comment se fait-il qu'ainsi aimé du peuple, l'Empereur soit tombé ? Comment se fait-il qu'après Sedan (1), Napoléon III, qui n'avait

(1) Sur l'attitude de l'Empereur à Sedan, on a essayé d'accréditer bien des calomnies. On a été, par exemple, jusqu'à mettre en doute le courage de Napoléon III ! Les républicains eux-mêmes ont dû cependant constater que l'Empereur n'a jamais craint la mort. Ainsi, le correspondant républicain du journal *le Temps* écrivait, le 2 septembre 1870, à ce journal : « L'Empereur a *voulu mourir*. Le fait est maintenant avéré. La mort a passé près de lui comme près de Ney sur le plateau de Mont-Saint-Jean, quand les boulets qu'il appelait s'obstinaient à l'épargner. » Le correspondant du *Times*, journal anglais, raconte qu'à la bataille du Sedan, « l'Empereur a fait preuve du *plus grand courage ;* il a *en vain cherché la mort*. Un obus est venu tomber sous les pieds de son cheval. » Le *journal officiel* de Berlin, du 8 septembre, dit que, « d'après des témoignages oculaires, à la bataille de Sedan, l'Empereur Napoléon s'est exposé à un tel point, que *son intention de se faire tuer était évidente*. » Enfin, dans la lettre du publiciste allemand du *Standard*, nous lisons : « ... L'opposition a déclaré que la capitulation de Sedan avait été un acte de lâcheté

pas désiré la guerre (1), ne se soit pas relevé, pas plus que Napoléon Ier après Waterloo ?

C'est que le peuple a été trahi, aussi bien après Waterloo qu'après Sedan. Les Russes avaient des amis dans la France de 1815, comme les Prussiens avaient des amis dans notre France de 1870 (2). Nous ne voulons

de l'Empereur, et ce *mensonge*, accepté sans examen, fut une base de la République nouvelle. Cependant, personne ne l'ignore aujourd'hui, le courage froid de l'Empereur ne l'a pas abandonné dans cette terrible journée où croulait toute sa puissance. Pendant plusieurs heures, il s'est exposé au feu le plus violent, s'offrant ainsi à la mort. Il n'a pas voulu le suicide, soit ; c'est le refuge facile des orgueilleux et des égoïstes ; mais quand il a dit : *Je n'ai pu me faire tuer à la tête de mes soldats...*, il a dit simplement une chose vraie. » Lire la brochure *Ils en ont menti,* par un rural. (Amyot, éditeur.) Lire aussi le *Le procès de Sedan*, devant la cour d'assises de la Seine. (Lachaud, éditeur.)

(1) Lire à ce sujet le *Procès historique des auteurs de la guerre 1870,* par Adam Lux. Toutes les citations de cette brochure prouvent que l'Empereur n'a fait que céder à la pression de l'opinion publique.

(2) La *Gazette d'Italie,* qui était fort au courant des vues secrètes des républicains, disait, après nos premiers revers : « Jusqu'à la catastrophe de Sedan, les républicains de Paris attendaient avec anxiété les nouvelles du théâtre de la guerre, *tremblant* d'apprendre quelque *grande victoire de l'Empereur,* alors que toutes leurs espérances reposaient sur *sa défaite,* comme ne l'a que trop prouvé l'événement. » Dans le *Réveil* du 14 juillet, M. Delescluze n'a-t-il pas écrit : « Si les Prussiens sont battus, si le chassepot l'emporte, le gouvernement personnel deviendra plus exigeant que jamais et la liberté sera refoulée dans les limbes. » Ce grand citoyen ne craignait qu'une chose, que les Français fussent vainqueurs ! « Périsse la France, pourvu que la République »

pas récriminer ; mais, pour ne parler que des derniers événements, il est bien certain que les Prussiens ont trouvé dans les hommes du 4 Septembre les alliés les plus utiles pour renverser cet Empire que le peuple avait fondé et dont le maintien eût sauvé la Lorraine et l'Alsace (1).

Quoi qu'il en soit, l'Empire n'a jamais été renversé par la France. Et Napoléon III, pensant à la chute du premier Empereur, a pu écrire dans ses *Idées napoléoniennes :*

triomphe et que nous soyons les maîtres ! » Telle a toujours été la devise de nos révolutionnaires. Un publiciste allemand écrivait, à cette époque, dans le journal anglais le *Standard :* « Les républicains français flairaient dans les désastres de leur patrie les seuls moyens qui leur restaient de satisfaire leurs vengeances et d'assouvir leur ambition. » *Ils en ont menti,* par un rural, quarantième édition. (Amyot, éditeur à Paris.)

(1) On sait qu'une dépêche, arrivée de Saint-Pétersbourg au ministère des affaires étrangères, à Paris, le 4 septembre 1870, promettait à l'Impératrice Eugénie l'intervention amicale de la Russie pour sauvegarder « l'intégrité du territoire français. » Mais, du jour où la Russie apprit que Napoléon III avait été renversé, elle nous retira son concours. D'ailleurs, on a, sur la question de savoir si l'on pouvait éviter de perdre l'Alsace et la Lorraine, l'aveu de M. Jules Favre lui-même Dans la séance de l'Assemblée nationale du 16 juin 1871, M. de Valon affirma que M. Jules Favre lui avait raconté, à Bordeaux, que « M. de Bismark aurait fait la paix, au mois de septembre 1870, sans exiger d'autre cession de territoire que Strasbourg et sa banlieue. » Le lendemain, M. Jules Favre, invité à répondre, avoua que ce que M. de Valon rapportait était vrai. Ce n'est donc pas l'Empire qui a perdu l'Alsace et la Lorraine, ce sont, de leur propre aveu, les hommes du 4 septembre.

« C'est une consolation pour ceux qui sentent le sang du grand homme couler dans leurs veines, que de penser aux regrets qui ont accompagné sa disparition. Elle est enorgueillissante, la pensée qu'il a fallu tous les efforts de l'Europe combinée pour arracher Napoléon Ier à cette France qu'il avait rendue si grande ! Ce n'est pas le peuple français qui a sapé son trône, il a fallu deux fois *douze cent mille étrangers* pour briser le sceptre impérial. »

Grâce à Dieu, ce sceptre n'est pas brisé. Il y a, dans une modeste habitation de Chislehurst, une femme et un jeune ho me qui sont les dépositaires de la grande pensée de l'Empereur. La tradition napoléonienne possède toujours ses interprètes autorisés, et le peuple, dont on ne saurait proclamer la déchéance (1), a le droit de tout rétablir.

La pensée napoléonnienne, qui rattache le peuple à l'Empereur et l'Empereur au peuple, vit toujours, avons-nous dit. Il nous suffit, pour le prouver, de citer les deux

---

(1) Dans la séance du 23 décembre 1874, l'illustre M. Rouher s'écriait : « Je n'attaque point le vote de déchéance, je m'y soumets... Mais probablement *vous n'avez pas la prétention de prononcer la déchéance de la nation ?* Et si la nation veut revenir à nous, elle n'a pas besoin de votre consentement ; si elle veut revenir à l'Empire, elle n'a pas besoin de votre permission : elle est maîtresse, elle est souveraine, et tout le monde doit s'incliner devant elle... Et quel que soit le pouvoir qu'elle fonde, monarchie ou république, ceux qui attaqueront le pouvoir constitué par elle seront de véritables factieux. »

phrases suivantes du discours prononcé, le 16 mars 1874, à Chislehurst, par S. A. le Prince Impérial : « Le plébiscite, c'est le salut et c'est le droit; c'est la force rendue au pouvoir et l'ère des longues sécurités - rouverte au pays : c'est un grand parti national, sans vainqueurs ni vain us, s'élevant au-dessus de tous pour les réconcilier. *La France, librement consultée, jettera-t-elle les yeux sur le fils de Napoléon III?* Cette pensée éveille en moi moins d'orgueil que de défiance de mes forces. L'Empereur m'a appris de quel poids pèse l'autorité souveraine, même sur de viriles épaules, et combien sont nécessaires, pour accomplir une si haute mission, la foi en soi-même et le sentiment du devoir. C'est cette foi qui me donnera ce qui manque à ma jeunesse. Uni à ma mère par la plus tendre et la plus reconnaissante affection, je travaillerai sans relâche à devancer le progrès des années. Quand l'heure sera venue, si un autre gouvernement réunit les suffrages du plus grand nombre, *je m'inclinerai avec respect devant la décision du pays. Si le nom des Napoléon sort pour la huitième fois des urnes populaires*, je suis prêt à accepter la responsabilité que m'imposerait le vote de la nation. »

Ces déclarations si loyales et si franchement démocratiques termineront cette esquisse historique des rapports du peuple et de l'Empereur. On a vu que tous les représentants de l'Empire se sont faits les apôtres et parfois les martyrs du même principe ; ce principe, c'est la souveraineté du peuple.

Tandis que les royalistes ont toujours refusé d'accorder à la France le droit d'être consultée sur la forme de son gouvernement, tandis que les républicains ont toujours évité de demander directement à la France si la République lui convenait, l'Empire, au contraire, a toujours été fondé par le peuple, et son dernier représentant, autour duquel tant de Français se sont pressés sur la terre d'exil, dit encore : « Je ne reviendrai que si le nom des Napoléon sort pour la huitième fois des urnes populaires. »

Voilà pourquoi nous étions fondé à déclarer, dans les premières lignes de ce livre, que *seul* l'Empire a toujours reconnu la souveraineté du peuple comme la source unique de toute légitimité. Et voilà pourquoi nous pouvons répéter que si la démocratie française a trouvé dans la Révolution de 1789 son affranchissement et ses principes, elle n'a trouvé, elle ne retrouvera son gouvernement que dans l'alliance du peuple et de l'Empereur.

Angoulême. — Imp. du *Suffrage universel des Charentes.*

LE SUFFRAGE UNIVERSEL

DE SCHARENTES

ORGANE DE L'APPEL AU PEUPLE

DIRECTEUR ET RÉDACTEUR EN CHEF :

GUSTAVE CUNEO D'ORNANO

Rédacteur principal : CH. CARVILLE

Le Suffrage universel s'est assuré la collaboration de M. ULYSSE PIC

PRÉSIDENT DU CONSEIL D'ADMINISTRATION :

C. ARMENGAUD, ✻, Avocat, ancien Procureur Impérial

Bureaux : rue Tison d'Argence, 5, à Angoulême

Un mois, **2** fr. **50**; Trois mois, **6** fr.; Six mois, **11** fr.; Un an, **22** fr.